LAURA AND
LAURA Y LO

AGUSTÍN FERNÁNDEZ PAZ

DRAWINGS / ... EL MORAL

Magic Words

4

AlgaR EDITORIAL

IN LAURA'S HOUSE THERE ARE MICE.
AT NIGHT, IN BED, THE GIRL
HEARS THEM RUNNING IN THE ATTIC.

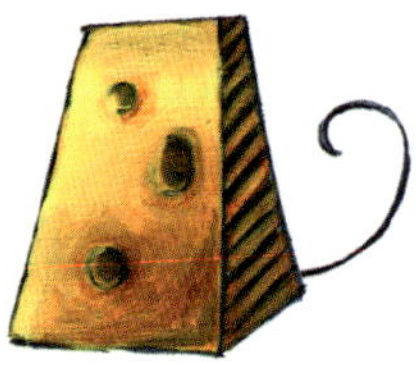

EN CASA DE LAURA HAY RATONES.
POR LA NOCHE, ACOSTADA EN LA CAMA,
LA NIÑA LOS OYE CORRER POR EL DESVÁN.

laura
laura

ONE DAY, WHILE LAURA AND HER PARENTS WERE HAVING LUNCH, A SMALL MOUSE CROSSED OVER THE KITCHEN QUICKLY.

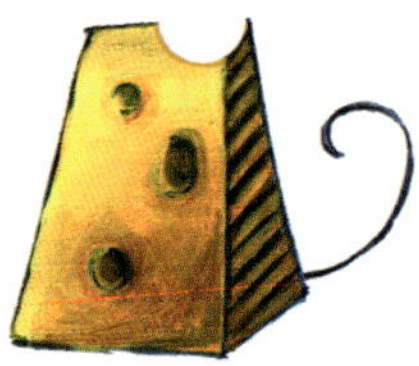

UN DÍA, MIENTRAS LAURA Y SUS PADRES COMÍAN, UN PEQUEÑO RATÓN CRUZÓ VELOZ POR LA COCINA.

THE MOUSE HID ITSELF
BEHIND THE FRIDGE.
THEY COULD NOT FIND IT.

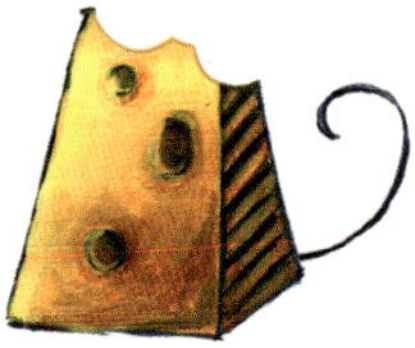

EL RATONCITO FUE A ESCONDERSE
DETRÁS DE LA NEVERA. NO PUDIERON
DAR CON ÉL.

LATER ON, THE MOUSE PASSED THROUGH THE LIVING ROOM AT TOP SPEED AND HID ITSELF BEHIND THE CUPBOARD.

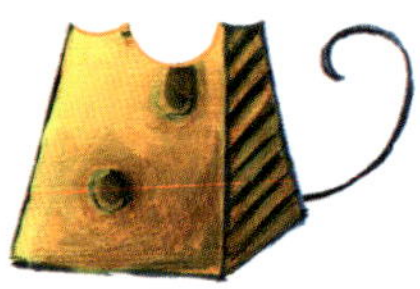

MÁS TARDE, EL RATÓN CRUZÓ A TODA VELOCIDAD POR LA SALA Y SE ESCONDIÓ DETRÁS DEL APARADOR.

LAURA'S MOTHER CHASED AFTER IT WITH THE BRUSH. AND HER FATHER THREW A SLIPPER AT IT. BUT THE LITTLE MOUSE MANAGED TO ESCAPE.

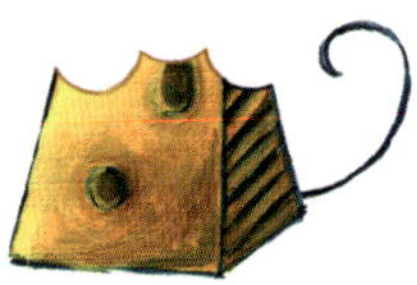

LA MADRE DE LAURA LO PERSIGUIÓ CON LA ESCOBA. Y EL PADRE LE TIRÓ UNA ZAPATILLA. PERO EL RATONCITO CONSIGUIÓ HUIR.

THE NEXT DAY, HER FATHER PUT A MOUSETRAP IN A CORNER OF THE LIVING ROOM.

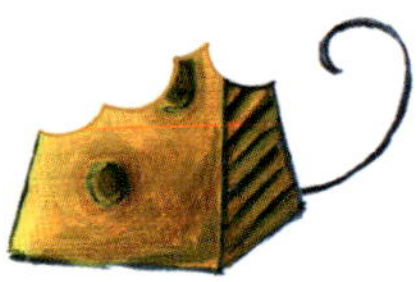

AL DÍA SIGUIENTE, SU PADRE COLOCÓ UNA RATONERA EN UN RINCÓN DE LA SALA.

AND HER MOTHER PUT SOME MOUSE
POISON PELLETS BESIDE THE FRIDGE.

Y SU MADRE PUSO UNAS BOLAS
DE VENENO AL LADO DE LA NEVERA.

刷有限公司
- 5000个

AT NIGHT, LAURA THREW THE POISON PELLETS IN THE KITCHEN BIN AND MADE THE MOUSETRAP GO OFF.

POR LA NOCHE, LAURA TIRÓ LAS BOLAS A LA BASURA E HIZO SALTAR LA RATONERA.

Secret,
bij H&M,
koopjes
dit circuit,

THEN, SHE LEFT SOME CHEESE
AND SOME PIECES OF BREAD
IN THE MIDDLE OF THE KITCHEN FLOOR.

Y DESPUÉS DEJÓ QUESO Y UNOS TROZOS
DE PAN EN MEDIO DE LA COCINA.

IN THE MORNING, THE GIRL CHECKED TO SEE THERE WAS NOTHING LEFT. THE LITTLE MOUSE HAD EATEN EVERYTHING!

POR LA MAÑANA, LA NIÑA COMPROBÓ QUE YA NO QUEDABA NADA. ¡EL RATONCITO SE LO HABÍA COMIDO TODO!

NOW LAURA DREAMS THAT SHE BEFRIENDS THE LITTLE MOUSE. SHE KNOWS THAT, TOGETHER, THEY WOULD HAVE A GREAT TIME!

AHORA, LAURA SUEÑA CON HACERSE AMIGA DEL PEQUEÑO RATÓN. ¡SABE QUE LOS DOS JUNTOS LO PASARÍAN FENOMENAL!